志麻さんの
魔法のソース
レシピ

★☆★

マガジンハウス

ソースをかけるだけで極上のひと皿に

私は山口県の海と山に囲まれた町で生まれ育ちました。四世代が一緒に暮らす大家族で、毎日の食事は和洋中が混じったごく普通の家庭料理でした。外食に出かけることはほとんどなく、フランス料理とはまるで縁がありませんでした。そんな私が調理師の学校に入り、「こんなにおいしいものが、この世にあるんだ！」と感激したのが、フランス料理です。

そして、こんな料理が作れたら、田舎の両親や祖父母だって「絶対においしいと思ってくれるはず！」と、フランス料理を勉強しはじめました。学校では、食べたことのない味を次々と知ることができて、おもしろくて夢中になりました。

フランスのレストランで働いていたときには、金曜日のまかない料理がいちばんの楽しみでした。キッチンからふわっと漂ってくる、ちょっとツンとした酸味を含んだバターの香り。魚介のムースに合わせた白ワインのバターソースが感激するほどおいしく、忘れられない思い出の味です。私はこの金曜日が毎週待ち遠しくてしかたがなく、まかない料理では他にもいろんなソースの味を覚えられ、今の私の財産になっています。

フランス料理というと難易度が高そうに思われがちですが、

ソースをかけるだけで極上のひと皿に

フレンチの考え方はとってもシンプル。食べたい肉や魚に塩をふって焼いたり、茹でたりするだけというのもたくさんあり、その合間にソースを作ってかけるだけで極上のひと皿になります。そのソースも濃厚なバターソースから、野菜たっぷりのものまでバリエーションがあって、作り方さえ覚えれば、料理の幅がぐっと広がりますし、作る楽しみが増えると思います。
日本の家庭では醤油や味噌、オイスターソースなどさまざまな調味料で味をつけるので、同じ味にならないように毎食の献立に悩む人も多いようです。フランス料理の場合、基本的に調味料は塩のみなので悩むことはありません。「塩だけでバリエーションが出るの?」と思う方もいるかもしれませんが、塩がトマトやきのこ、玉ねぎなど、素材そのものの味を引き出してくれるので、素材の数だけ味のバリエーションを楽しめるんです。
この本は、山口にいた私が知らなかったように、まだソースレシピに馴染みのない方に、ソースの魅力を伝えたいと思ってまとめました。シンプルな肉や魚のソテーにソースをかけるだけでお皿の上が一気に華やかになるので、目の前でかけると「ソースをかけるだけで、おもてなしになる」「こんなにすぐに

バターソースは思い出の味

バターソースのあまりのおいしさに感動して、フレンチにのめりこんでいきました。
これは、その時の料理を再現したものです（レシピはp26で紹介）。

ソースをかけるだけで
極上のひと皿に

できちゃうの？　まるで魔法みたい！」と喜んでいただけることが多く、それがきっかけとなりました。

　お伝えしたいのはソースの基本です。たくさん覚えなくても、基本となる考え方や作るときのポイントをつかめたら、誰でもレシピにしばられずに楽しく作れるようになります。時間がなかったら、手作りにこだわる必要もなく、市販のものをアレンジするのもよいですし、何より楽しく食べていただけたらそれだけで十分です。

　ここでは、ソースレシピのほかにお肉や魚のシンプルな調理のコツ（焼く・蒸す・茹でる・揚げる）もまとめてみました。どうぞ、自由に組み合わせて、いろいろ試してみてください。私がかつてバターソースに出会ったときのように、この本がきっかけで新しい感動が生まれたり、食卓が楽しくなればうれしいです。

志麻

タサン志麻（たさん・しま）

大阪あべの・辻調理師専門学校、同グループ・フランス校を卒業。ミシュランの三ツ星レストランでの研修を修了後、日本に戻り、有名フランス料理店などで15年働く。2015年に、フリーランスの家政婦として独立。各家庭の家族構成や好みに応じた料理が評判を呼び「予約がとれない伝説の家政婦」としてメディアから注目される。NHK「プロフェッショナル 仕事の流儀」でその仕事ぶりが放送され、2018年上半期最高視聴率を記録。
『志麻さんの何度でも食べたい極上レシピ』『1分で決まる！志麻さんの献立の作り方』『志麻さんの気軽に作れる極上おやつ』など著書多数。料理教室やイベントの講師、食品メーカーのレシピ開発など多方面で活動中。現在はフランス人の夫と息子2人娘1人との5人暮らし。

志麻さんの
魔法のソースレシピ
Contents

Lesson 1

肉や魚を焼いている間に作れる！
おもてなしの早ワザ極上ソース

バターソース

ピュレ

野菜のソース

ドレッシング

マヨネーズ

スープをソースに

果物のソース

定番のソース

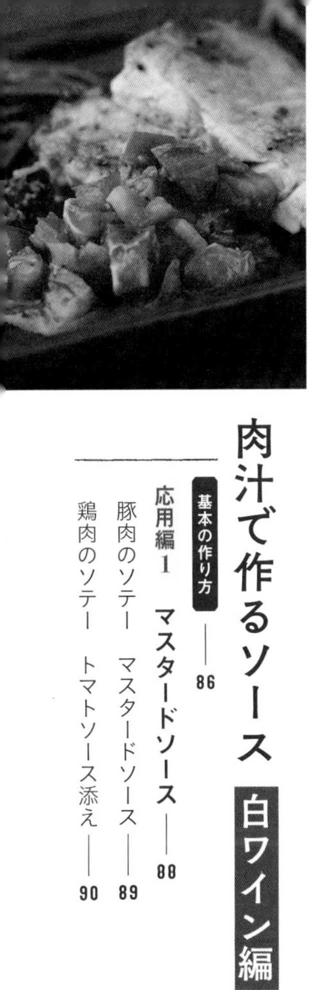

Lesson 2

肉を焼いたフライパンで作る極旨ソース

肉の旨味でさらにおいしく！

肉汁で作るソース　白ワイン編

肉汁で作るソース　赤ワイン編

志麻さん、教えて！ 肉や魚のおいしい食べ方——101

Lesson

3

コンビニスイーツを格上げ！
おやつ時間を優雅にするデザートソース

この本のレシピは、1〜2人分を基準にしていますが、一部、作りやすい分量でまとめているものもあります。
●バターは有塩のものを使用しています。無塩のものを使用する場合は、好みに合わせて塩分を調節してください。
●小さじ1は5㎖、大さじ1は15㎖、1カップは200㎖です。また、塩「ひとつまみ」は、親指と人差し指、中指でつまめる程度の量です。

Lesson

1

肉や魚を焼いている間に作れる！

おもてなしの早ワザ極上ソース

メインとなる肉や魚を調理している間に、手早く作れるソースがたくさんあります。フランスでは定番のソースから、ドレッシングやマヨネーズで作るソース、野菜がたっぷり食べられるソース、そして果物のソースなどバリエーションが豊富で、その日の気分でメインと合わせるのが私の楽しみです。ひと皿でパッと食卓が華やかになりますので、カジュアルに日々の食事作りに役立てていただけたらうれしいです。

どのソースも作り方は簡単です。それぞれのソースの味の構造と作り方を覚えていただけたら、家にある食材で代用したり、アレンジすることができますので、ここではそのポイントをお伝えしたいと思います。

私はスーパーマーケットに買い物に行くのが大好きで、並んでいる食材を見ながら今日は何を食べようかなと考えます。春先ならアスパラガスが出てきたな、秋ならきのこ、冬なら白菜や大根がおいしそうだなと、季節を感じながらメニューを考えるだけで幸せを感じます。

この本ではそれぞれのソースをメインに合わせて紹介していますが、その日に食べたい肉や魚に合わせて、いろいろ組み合わせて試してみてください。

★☆★

バターソース

フランス料理の王道のソースで、私も大好きなバターソースは、コツを押さえておけば、とても簡単。ちょっとしたおもてなし料理としても喜ばれます。

ここではバターを使った2タイプのソースをご紹介します。

白ワインを使ったバターソースは、ちょっと酸味があり、白身魚やサーモン、魚介類に合いますし、日常の食卓にも違和感なく、ごはんと合わせてもおいしいです。生クリームを加えたり、柑橘類の香りをつけたりしてアレンジすると、味に幅が出ます。

焦がしバターに塩とレモンを加えて作るソースは、お肉と合わせても。香ばしいバターの香りが食欲をそそります。

白ワインバターソース

バターの風味と酸味が効いた軽やかな口当たり

基本の材料

- 白ワイン――50mℓ
- 酢――大さじ1
- 塩――ひとつまみ（目安）
- こしょう（あれば黒こしょう）――適量
- バター――50g

基本の作り方

1 鍋に白ワイン、酢、塩、こしょうを入れて沸かす。

2 3分の1くらいになるまで弱火で煮詰めて旨味を凝縮させる。

煮詰まったら味をチェックし、味が薄いと感じたら塩をひとつまみ（分量外）加える。

3 2に冷えた状態の固いバターを少しずつ加え、沸騰させないように弱火でバターをゆっくり溶かす。

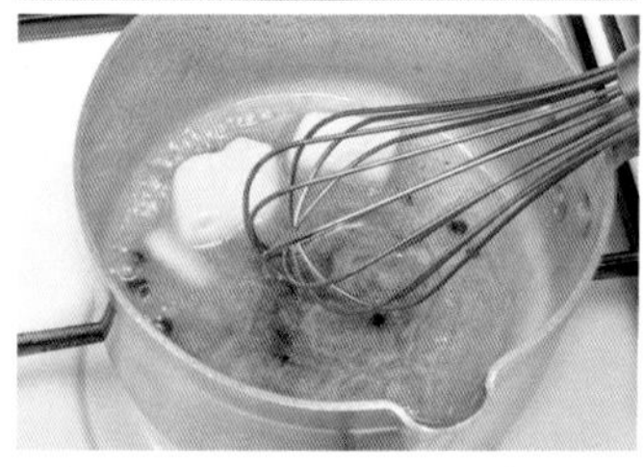

分離しないようにバターを少しずつ加え、乳化させることがポイント。

4 バターが溶け切ったら火からおろし、味をみながら塩・こしょうで調える。

白ワインバターソースをアレンジ！

＼あっさり／

オレンジなどで酸味を効かせて

右ページの4のあとに、レモン汁（¼個分）やオレンジ（½個）を加えて混ぜ合わせ、沸騰直前まで温めれば完成。

レモンの場合は絞って、オレンジの場合は果肉も一緒に加える。

＼濃厚／

生クリーム入りでクリーミーに

右ページの4のあとに、生クリーム（大さじ1）を加え、沸騰直前まで温めれば完成。生クリームの分量は好みで調節を。

白ワインバターソースは白身魚やサーモン、ホタテやエビなどの魚介類と相性がぴったり。あっさり仕上げのアレンジとして、刻んだトマトを加えてもおいしいです。冷蔵保存も可能なので（4〜5日）、多めに作って少しずつ使うこともできます。

白身魚のソテー 白ワインバターソース添え

皮目からしっかり焼いた白身魚(焼き方のコツはp105にて)に、
白ワインバターソースを添えて。高級感ある味わいのひと皿が
あっという間に出来上がります。

蒸しかぼちゃ
白ワインバターソース添え

スライスしてラップに包み、レンジで加熱したかぼちゃに、生クリームを加えて濃厚にした白ワインバターソース(p19)を絡めて。酸味と甘みが絶妙。刻んだ黒オリーブをアクセントに。

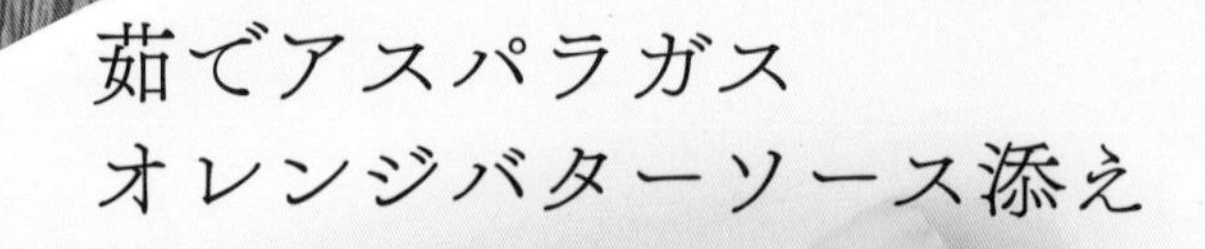

茹でアスパラガス
オレンジバターソース添え

茹でたアスパラガスに、オレンジを加えた白ワインバターソース(p19)を。オレンジの代わりにグレープフルーツを加えて仕上げてもおいしいです。

蒸しサーモン
オレンジバターソース添え

蒸したサーモン(蒸し方はp106にて)のふわっとした食感とさわやかなオレンジ入りの白ワインバターソース(p19)が口の中に広がります。

焦がしバターソース

バターの香ばしい風味がメインを引き立てる

材料

- バター——30g
- 塩——ひとつまみ
- レモン汁——¼個分
- こしょう——適宜

作り方

1 バターをフライパンに入れて中火にかけ、塩をひとつまみ加える。

2 中火でバターを加熱し、水分を蒸発させる。

3 パチパチという音が消え、全体の色が茶色っぽくなったら、火を止める準備を。

4 泡が引いてきた瞬間に火を止め、レモン汁を加えて混ぜ合わせる。

5 仕上げに味をみながら、塩(分量外)・こしょうで調える。

溶けたバターの変化に注目！

じわじわとバターが溶けはじめる。動かさずに！

パチパチ

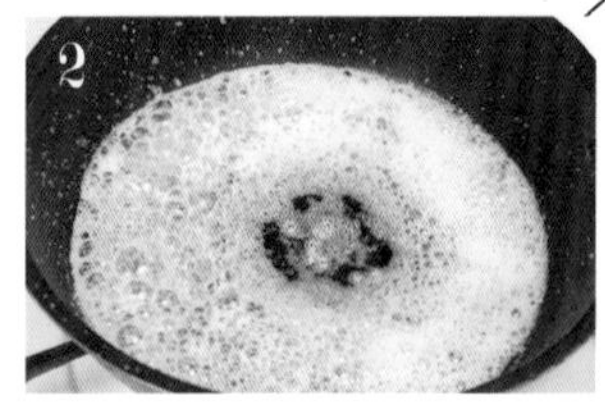

バターから水分が出てくる。

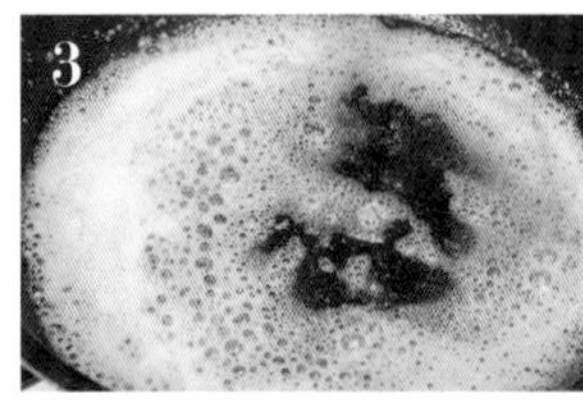

パチパチした音が消えるとムース状に。

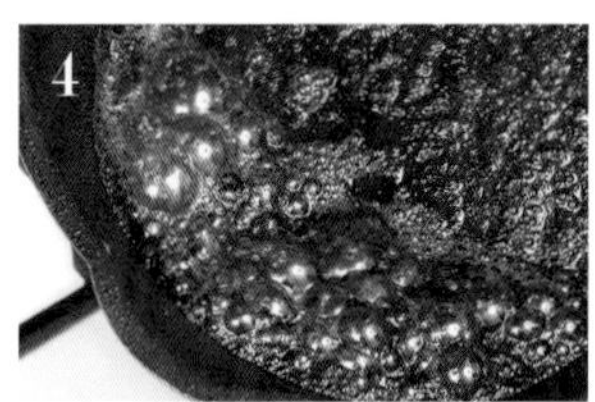

泡が引いた瞬間を逃さずに。焦がしすぎないよう注意して！

焦がしバターソースはこのままでもおいしいですが、刻んだパセリ、ケッパー、トマトなどを加えると、味と食感のアクセントになります。

ホタテのソテー
焦がしバターソース

塩・こしょうして、さっと焼いたホタテに、出来上がった焦がしバターソースをかけて。このソースは魚のムニエルや茹でたじゃがいもなどにも合います。鶏のささみ肉など、淡白な素材とも相性がいいです。

＼ 忘れられない思い出のひと皿 ／

魚介のムースの作り方

フランスのレストランで働いていたときに、ひそかに楽しみにしていたまかない料理。白ワインで作るバターソースは感動もので、そのバターソースとこの魚介のムースの組み合わせは、慣れない環境の中で人一倍努力しなくてはと必死だった私にとって、心がほっとする幸せなおいしさでした。

憧れのフランスで、夢中で働いていたときの自分を思い出します。

材料

- ホタテ――50g
- 白身魚――60g
- 塩――ひとつまみ
- 卵白――1個分
- 生クリーム――大さじ2（目安）
- 油（バター）――適量

作り方

1. 魚介の素材と塩ひとつまみをフードプロセッサーに入れてピュレ状に（フードプロセッサーがない場合はすり鉢で細かくすりつぶしてもOK）。卵白、生クリームの順に加えて混ぜ合わせる。
2. 油（またはバター）を塗ったココット型にピュレ状になった1を入れ、表面をなめらかに。
3. フライパンに2〜3センチほど水をはり、すべらないようペーパータオルをしき、2を入れる。
4. フライパンを強火にかけ、沸騰したら弱火にしてふたをして15分ほど蒸す。串をさして、串に何もついてこなければ、完成。

ココット型に入れるときは、空気が入らないようにすると取り出しやすいです。生クリームを加えた白ワインバターソースに合わせるのがおすすめです。

茹でた野菜をつぶし、バターと牛乳を混ぜ合わせて作るピュレ。フランスの食卓にはよく登場する家庭料理のひとつで、硬めに仕上げれば、メイン料理に添えるつけ合わせになり、牛乳を多めに加えれば、トロッとしたソースにもなり、同じ食材で2通りの楽しみ方ができるのがいいところ。

ピュレはほとんどの野菜で作れますが、どの野菜もやわらかく茹でて、なめらかにすることがポイントです。ピュレは塩・こしょうをふらずに仕上げ、メインの肉や魚には味をしっかりつけてカリッと焼いて合わせると、トータルでバランスのよいひと皿になります。

野菜たっぷりのやさしい味わいがメインを引き立ててくれます。

ピュレ

つけ合わせを兼ねた、なめらかでやさしい味わいのソース

材料

・好みの野菜——適量
（カリフラワー——大¼房）
・バター——5〜10g（目安）
・牛乳——50〜80mℓ（目安）

※バターや牛乳の分量は、好みに合わせて調節を。

基本の作り方

3

1. 野菜を小さく切って、やわらかくなるまでしっかりと茹でる（カリフラワーは軸の部分がやわらかくなるまで）。
2. 茹でた野菜の水分をしっかり切って、つぶす。
3. 2にバターを加えて火にかける。
4. 中火にして、3に牛乳を少しずつ加えながら、混ぜ合わせる。

※なめらかなピュレにしたいときは、茹でた野菜をフードプロセッサーでつぶし、食感を楽しみたいときはスプーンなどでつぶすのがおすすめ。

葉もの野菜の場合

ほうれん草や小松菜などの水分の多い野菜の場合、じゃがいもと合わせるとふわっとした口当たりになります。じゃがいもを茹でている鍋に最後に葉もの野菜を加えて火を通し、一緒につぶしてください。3、4の工程は同じです。

カリフラワーのほか、じゃがいも、ブロッコリー、ほうれん草などのピュレも定番です。仕上げに、溶けるチーズやポン酢、しょうゆ、ナンプラー、オリーブオイルをかけたり、細かく刻んだアンチョビやオリーブを混ぜたりして、気分に合わせて味のアレンジも楽しめます。

イカのガーリックソテー カリフラワーのピュレ

カリフラワーのピュレを皿の上にしき、オリーブオイルとにんにくでさっと炒めたイカをのせて。メインとなる肉や魚にはしっかりと味をつけ、ピュレには塩・こしょうはせず、トータルでバランスよく。

小松菜のピュレ

小松菜1束にじゃがいも1個を合わせたピュレ。作り方はp28を参照。小松菜以外にほうれん草なども同様に。そのままでも、バゲットにつけて食べても。

★☆★

野菜のソース

和食ではメインのほかに副菜として野菜の料理を考えることが多いのですが、フランスでは副菜という感覚がなく、野菜はさまざまな形で食卓にあがります。野菜を使ったソースもそのひとつです。

野菜のソースのポイントは、旨味が強い野菜の味を引き出してソースのベースを作ることです。マッシュルームなどのきのこはじっくり炒めて旨味をぎゅっと凝縮させる。トマトは塩をふり、マリネして旨味を引き出す。玉ねぎは弱火でじっくり炒めて甘みを引き出します。

焼いたり茹でたり、シンプルに調理した肉や魚に野菜のソースを添えれば、ひと皿でバランスよく野菜もたっぷり食べられます。

きのこのソース

きのこの旨味と生クリームが絶妙のハーモニー

材料

- きのこ——適量
(エリンギ——2本)
- 水——50mℓ(目安)
- 生クリーム——80〜100mℓ(目安)
- 塩——小さじ⅓〜½
- こしょう——適宜

作り方

1 きのこ(エリンギ)をみじん切りにする。

2 鍋にきのこ(エリンギ)、水、塩を入れて弱火にかけ、じっくりと炒め、きのこの水分を出して旨味を凝縮させる。

3 鍋の水分がなくなったら、生クリームを加えて軽く混ぜ合わせ、とろみがつく程度に中火でさっと煮詰める。

4 仕上げに味をみながら、塩・こしょうで調える。

※煮詰まりすぎたら、水を足してもOK。

エリンギのほか、マッシュルーム、しいたけ、まいたけなどのきのこでもおいしく作れます。サーモン、豚肉、鶏肉のソテー、牛肉のステーキにも合います。

豚肉のソテー
エリンギのソース添え

塩・こしょうしてこんがり焼いた豚肉のソテー(焼き方はp104にて紹介)を、旨味たっぷりでクリーミーなきのこのソースの上にのせて。

野菜のアーリオオーリオ

にんにくの香りとともに野菜を味わうソース

材料

- 好みの野菜――適量
  （ブロッコリー――½房）
- にんにく――1片
- オリーブオイル――大さじ1½
- 塩――ひとつまみ
- こしょう――適宜
- 唐辛子（好みで）

にんにくは皮をむいて、半割りにし、包丁で上からぎゅっと押しつぶしておく。

作り方

5

1 野菜（ブロッコリー）は小さめに切って、鍋で湯を沸かし塩をひとつまみ入れる。

2 フライパンにオリーブオイルをひき、つぶしたにんにく（好みで唐辛子も）を入れて弱火にかける。

3 1の鍋に野菜を入れ、やわらかくなるまで茹でる（ブロッコリーの場合は軸の部分がやわらかくなるまで）。
※茹で汁をとっておく。

4 2のフライパンの火を止め、茹でた野菜を加える。

5 お玉半分くらいの野菜の茹で汁を加えて混ぜ合わせ、強火で乳化させる。

6 野菜をつぶしながらなじませ、味をみながら塩・こしょうで調える。

野菜は固茹でだとつけ合わせのような仕上がりになるので、やわらかく茹でてオイルの風味を吸わせるイメージです。煮詰めずに、さらっとしたソースに仕上げます。ブロッコリーのほか、カリフラワー、アスパラガス、かぶ、豆類などでも作れます。

茹でタラ
ブロッコリーのアーリオオーリオ添え

茹でタラ(魚の茹で方はp106にて紹介)に、にんにくの香りが食欲をそそるブロッコリーのアーリオオーリオをたっぷりと。シンプルに焼いたり茹でただけの肉や魚でも、野菜を添えることでバランスの良い一品に。

ラタトゥイユ

サイドメニューとして大活躍するトマト風味の野菜煮

材料

- 玉ねぎ――1/2個（小さめの角切り）
- なす――1本（小さめの角切り）
- ズッキーニ――1本（小さめの角切り）
- パプリカ――1個（小さめの角切り）
- トマト水煮（カット）――1缶（400g）
- オリーブオイル――大さじ2
- 塩――ひとつまみ
- ハーブ（タイムなど）
- こしょう――適宜

※冷蔵・冷凍保存ができるので多めに作っておくと便利です。

作り方

1 フライパンにオリーブオイルをひき、玉ねぎから順に野菜を入れ、塩ひとつまみをふり、弱火でじっくりやわらかくなるまで炒める。

2 全体がしんなりしてきたらトマト水煮とハーブ（あれば）を加え、5分ほどさっと煮る。

3 味をみながら、塩・こしょうで調える。

ラタトゥイユの基本の野菜は、玉ねぎとなすとトマトで、それ以外の材料はお好きなものでOKです。それ以外はなくても作れますし、れんこんやごぼうなどの根菜類を加えても。焼いた肉や魚のほか、揚げもの、パンやごはんにも合います。

鶏肉のソテー
ラタトゥイユ添え

皮をパリパリに焼いた鶏もも肉のソテー（焼き方はp104にて紹介）と野菜がたくさん入ったトマト風味のラタトゥイユで彩り鮮やかな一品。

サルサソース

トマトの旨味をベースにさわやかな野菜の食感をプラス

材料

- ミニトマト——10個（トマト——1個）
- 玉ねぎ——大さじ1（みじん切り）
- きゅうり——1/2本
- ピーマン——1/2個
- 塩——ひとつまみ
- オリーブオイル——大さじ2

作り方

1 トマトは小さく切りそろえ、塩をふっておく。

2 玉ねぎはみじん切りにして水でさっと洗う。きゅうり、ピーマンも細かく切る。

3 ボウルに1のトマトと2の野菜を入れてオリーブオイルを加え、全体を混ぜ合わせる。

4 味をみて、必要であれば塩（分量外）で調える。

ふつうのトマトでもOKですが、ミニトマトのほうがシャキッとした食感に。水分が多いソースなので、塩はしっかり多めにふる感覚がちょうどよく、カリッとソテーした魚や肉と合います。

白身魚のソテー
サルサソース添え

表面をパリッと焼いた白身魚のソテー(焼き方はp105にて紹介)に、さわやかなサルサソースを上からたっぷりとかけて。

フレッシュなトマトを使って作るサルサソースは、実はさまざまな料理に合う万能ソースです。メキシコ料理には欠かせないソースですが、組み合わせる野菜やオイルで、和風、洋風、中華風、エスニック風など、さまざまなアレンジが楽しめます。たとえばきゅうりとレモン、オリーブオイルをプラスすれば洋風に。エスニック風にしたいときにはチリパウダーをふったり、ナンプラーとレモン汁を合わせたり。オイルやスパイス、ハーブなどでもいろいろな国の味の特徴を表現できるので、ぜひ、試してみてください。

サルサソースをアレンジ！

＼ 中華風 ／

みじん切りしたしょうがとごま油を小さじ1くらい混ぜ合わせれば、中華風ソースの出来上がり。

＼ 和風 ／

手で小さくちぎった大葉、細切りにしたみょうがなどを混ぜ合わせれば、和風ソースに。夏の食卓に。

みょうが、大葉、しょうがやにんにくなどの薬味は、ハーブと同じように味のアクセントとして使うのに便利です。フレッシュなハーブの代用として、和風にも中華風にも！

日本ではドレッシングというとサラダにかけるものというイメージですが、フランスでは、ドレッシングもソースです。

市販のものを使っている方も多いと思いますが、塩こしょう、酢、油で作る基本のドレッシングを覚えておけば、アレンジは無限大。塩の代わりに味噌やアンチョビなどを使ったり、油の種類を変えたり、野菜やゆで卵などを加えたり。自分の好みやその日のメニューに合わせて自由に作って、その時々で食べ切ることができるので、飽きることがありません。

市販のドレッシングだってアレンジできるので、ぜひ好きな味を見つけてください。

基本のドレッシング

フランスではドレッシングもソース！
食べたいときに気軽に作れる

覚えておこう！

基本のバランス

塩こしょう ＋ 酢 1 ： 油 3

塩の代わりに、味噌、アンチョビ、ナンプラー、梅干しなど、塩分の強い素材で代用してもOK。

酢は好みのものを。りんご酢など果汁の酢はやさしい味わいに。米酢、穀物酢は酸味が強いので味をみながら分量は調節して。複数の種類を混ぜると、立体感のあるふくよかな味になります。

油はごま油、オリーブオイル、サラダ油、なたね油、ナッツ油（くるみオイル）など何でもOK。ごま油を使うと中華風になります。ただし、オリーブオイルは香りが強いので、使う場合はサラダ油と1：1がおすすめ。

基本の材料

- 酢——50g
- 塩——小さじ1
- こしょう——少々
- マスタード(好みで)——大さじ1〜2
- 油——150g

基本の作り方

step 1

酢 ＋ 塩 こしょう (マスタード)

ボウルに酢と塩・こしょうを入れて、塩が溶けるまでしっかり混ぜる。

このとき、マスタードを入れると、乳化してどろっとした仕上がりになります。基本のドレッシング以外に素材を加えるときは、おすすめです。

step 2

step 1 ＋ 油

1に少しずつ油を加えながら、泡立て器で攪拌し、乳化させる。

油は計量カップなどに移さずに、ボトルから直接入れると洗い物がひとつ減ります。使い始めの分量を計っておき、必要な分だけメモリが減ったら、そこでストップ。慣れるととても便利です！

グリビッシュソース

ドレッシングにゆで卵を加えたフランス伝統のソース

材料

・基本のドレッシング（マスタード入り）——½カップ

※p42-43参照

・A
- ゆで卵——1個
- 玉ねぎ——大さじ1（みじん切り）
- パセリ——小さじ1（みじん切り）
- ケッパー——小さじ1（みじん切り）

※きゅうり、ピーマン、トマトなどの野菜を加えてもOK。

作り方

1 玉ねぎは水でさっと洗って絞る。

2 ゆで卵は白身をみじん切りに、黄身は手で細かくほぐしておく。

3 Aの材料に基本のドレッシングを加えて混ぜ合わせる。

ケッパーがないときは、酸っぱくて塩分が強い梅干しや漬物などで代用しても。さっぱりしたものが食べたいときに、蒸した鶏肉や茹でた魚と合わせてみてください。

茹でサワラ
グリビッシュソース添え

茹でサワラ(茹で方はp106にて紹介)に、酸味がほどよいグリビッシュソースを添えてさっぱりとした味わいに。

ラヴィゴットソース

さわやかな酸味と細かく刻んだ野菜の食感を楽しんで

材料

・基本のドレッシング（マスタード入り）——½カップ
※p42-43参照
・A｜玉ねぎ——大さじ1（みじん切り）
　｜きゅうり——½本（みじん切り）
　｜パプリカ——¼個（みじん切り）
・塩——ひとつまみ
・プチトマト——5〜6個（細かく切る）

作り方

1　Aに塩をひとつまみふり、2〜3分おく。

2　基本のドレッシングに**1**とプチトマトを加え、混ぜ合わせる。

野菜が大きいとソースが水っぽくなって味が薄まってしまうので、できるだけ細かく切るのがポイントです。蒸したもの、焼いたもの、茹でたもの、揚げたものなど、何にでも合うソースです。

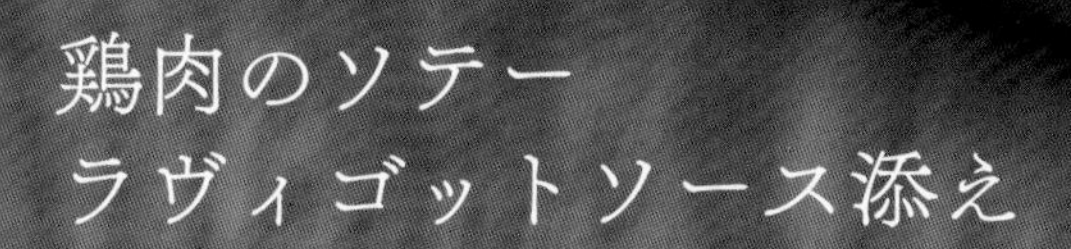

鶏肉のソテー ラヴィゴットソース添え

野菜の旨味を凝縮させたサラダ感覚のラヴィゴッドソースは、トマト入りで彩りもきれい。シンプルに焼いた鶏肉（焼き方はp104にて紹介）に添えれば、一気に華やかな一品に。

市販のドレッシングをアレンジ！

冷蔵庫にある市販のドレッシングに、ちょっと何かを加えるだけで、あっという間においしいソースが完成。組み合わせを楽しんでみて！

トマトポン酢ソース

材料

・トマト――中1個
・ポン酢――大さじ4

作り方

1 トマトのヘタを取り、湯むきして（沸かしたお湯に3秒ほど入れて取り出し、皮をむく）小さな角切りにする。

2 トマトにポン酢を加えて混ぜ合わせ、10分ほど漬けこむ。

ポン酢にトマトを加えただけのシンプルソース。塩・こしょうをふったサバに小麦粉をつけて、オリーブオイルでカリッと焼いたメインに合わせて。

ごまドレ豆腐ソース

材料

・豆腐（木綿）――80g
・塩――適量
・こしょう――適量
・市販のごまドレッシング
　――大さじ4
・小ねぎ――1本（小口切り）
・七味――適量

作り方

1 水気を切った豆腐をボウルに入れ、スプーンでつぶして塩・こしょうをふる。

2 1にごまドレッシング、小ねぎ、七味を混ぜ合わせる。

市販のごまドレッシングに豆腐を加えたソース。七味と小ねぎがアクセントで夏におすすめ。ささみの塩茹でなどにぴったりです。

さまざまな料理に合う万能調味料のマヨネーズも、たまには家で手作りしてみてはいかがでしょう。基本のマヨネーズの材料は卵黄、酢、油、塩こしょうのみ。卵黄の数を増やして濃厚に仕上げたり、食べる人の好みや合わせる料理を考えて、硬さや塩加減を調整できるのも、手作りマヨネーズのよいところです。

基本のマヨネーズができたら、フライに合うタルタルソースやにんにく風味のアイオリソースなども試していただきたいです。

自分で作るのは難しそうと思われる方も多いかもしれませんが、コツさえしっかりつかめば、大丈夫です。準備段階のポイントも忘れずに！

基本のマヨネーズ

幅広く使える万能の調味料
新鮮なおいしさを食卓に

覚えておこう！

基本のバランス

卵黄 1個分 ： 酢 大さじ1 ： 油 100g

＋

塩こしょう

このバランスだとさらっとしたマヨネーズに仕上がります。ぽってりとしたマヨネーズにしたいなら、油の量を増やしてください。酢や油の種類はドレッシングと同様に考えてOKです（p42参照）。

基本の材料

- 卵黄——1個分
- 酢——大さじ1
- 塩——小さじ⅓〜½
- こしょう——少々
- 油——100g

準備段階のポイント

- 卵黄、酢は常温に戻しておく。
- 濃厚なマヨネーズにしたい場合は、卵黄の数を増やす。
- 分量に対して適したサイズのボウルを使う。
 (左記の分量の場合、直径15㎝くらいのボウルが作りやすい)
- ふきんなどでボウルを傾けておくと、攪拌しやすい。

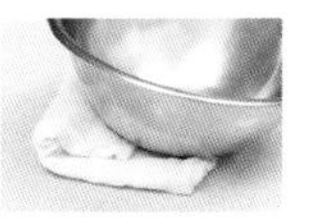

基本の作り方

step 1

卵黄 ＋ 酢 ＋ 塩 こしょう

ボウルに卵黄、酢、塩、こしょうを加え、泡立て器で混ぜ合わせ、塩をしっかり溶かす。

step 2

step 1 ＋ 油

細く糸をたらすように油を少しずつ加え、手早く混ぜ合わせる。特に最初は少しずつ油を足すのがポイント。ボウルの真ん中だけでなく、外側からもしっかり混ぜること。

失敗したときのリカバー方法

どうしても油が混ざらない場合は、ボウルに卵黄1個分と塩・こしょうを入れて溶き、作りかけのマヨネーズに少しずつ加え、よく混ぜながらつなぐ。

タルタルソース

酸味とコクが絶妙！ 揚げものに相性抜群

材料

- 基本のマヨネーズ——大さじ4

  ※p50-51参照
- A
  - 玉ねぎ——大さじ1（みじん切り）
  - ゆで卵——1個
  - ピクルス——大さじ1（みじん切り）
  - パセリ——小さじ1（みじん切り）

作り方

1 玉ねぎは水でさっと洗って絞る。

2 ゆで卵は白身をみじん切りに、黄身は手で細かくほぐしておく。

3 ボウルにAとマヨネーズを入れて混ぜ合わせる。

ピクルスがない場合

きゅうり（½本）、塩（ひとつまみ）、酢（小さじ1）を混ぜ合わせ、水分を絞って、ピクルスの代わりに。ケッパー、らっきょうなど、酸味のある食材で代用してもOK。

玉ねぎはさっと水で洗うだけで辛味が取れます。タルタルソースはフライやフリットなどの揚げものや温野菜などによく合う人気のソースです。

白身魚のフリット
タルタルソース添え

軽い衣でふわっと揚げた白身魚のフリット（作り方はp107にて紹介）に、酸味がアクセントのタルタルソースをプラスして。

アイオリソース

にんにく風味が食欲をそそるマヨネーズアレンジの定番

材料

- 基本のマヨネーズ――大さじ2
  ※p50-51参照
- にんにく――小1片

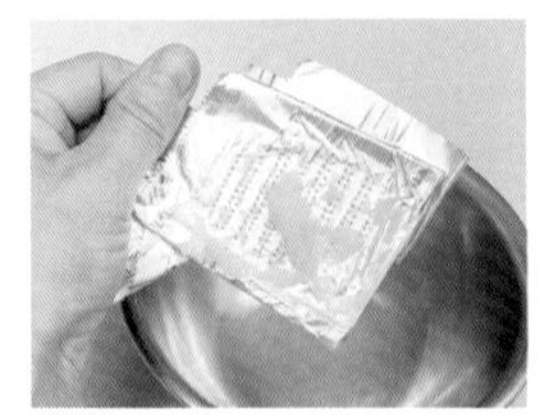
すりおろし器にアルミホイルをかけて、にんにくをすりおろすと、洗い物が減って便利。

作り方

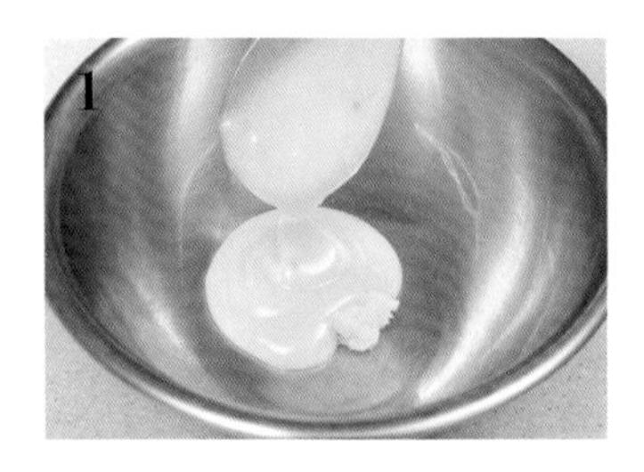

1 すりおろしたにんにくにマヨネーズを加えて混ぜ合わせる。

冷凍シーフードのおいしい食べ方

凍ったままのエビやシーフードミックスは、3％の塩水で戻すと、水っぽくならずプリプリになります。しっかり水分を切って調理を。

アイオリソースは南仏のソースで、マヨネーズを作るとき、油をオリーブオイルにすると本格的なものに仕上がります。にんにくは好みに合わせて増やしても。トマトスープなどに加えてもおいしいです。

シーフードミックスと茹で野菜
アイオリソース添え

塩水で戻したシーフードミックスとブロッコリーを茹で、アイオリソースを添えるだけでパーティメニューに。

基本の
マヨネーズを
アレンジ!

好きなものを混ぜ合わせて
マヨネーズを楽しんで!
分量などもお好みで調節を。

味噌マヨ

マヨネーズに味噌を混ぜ合わせて。野菜でもお肉でも、生でも茹でても、何にでも合うソースになります。

ツナマヨ

マヨネーズに、水分と油をしっかり切ったツナを混ぜ合わせて。野菜や白身魚など、あっさりした食材にぴったり。

オーロラソース

マヨネーズにケチャップを混ぜ合わせるだけ。口当たりがまろやかで、揚げものなどに合わせてもおいしいです。

こしょうマヨ

マヨネーズに黒こしょうを混ぜ合わせると、ピリッとした大人の味に。牛肉や豚肉など旨味の強いものに合います。

コンビーフマヨ

コンビーフを混ぜ合わせたマヨネーズは味がしっかりしているので、淡白な茹でた野菜や白身魚と相性ぴったり。

ラー油マヨ

マヨネーズにラー油を混ぜると、ピリ辛の中華風味に。野菜や魚、豆腐にも合い、おつまみのレパートリー増に。

大葉マヨ

マヨネーズに大葉のみじん切りを加えて混ぜ合わせると、味と香りがアクセントに。鶏肉や魚のソテーなどに。

スープは水分が多めのソースとして、メインの料理に合わせてもおいしいです。にんじんや玉ねぎ、じゃがいもなど野菜がたっぷり入った農家風スープは、焼いた魚の上にかけるだけでも、栄養たっぷりのひと皿になります。

市販の粉末スープも実はソースとして活用できるので、忙しい方にはおすすめの食べ方です。のばす水分の量を調整しながら濃いめに作るのがポイント。メインの料理の味つけが濃い場合は、ソースを薄めに作ると全体の味のバランスがよくなります。

スープをソースとして使う場合は、カリッと焼き目がついたメインと合わせると、食感にもメリハリがつきます。

ヴィシソワーズ

さらっとしたじゃがいもの冷製スープをソースに

材料

- 長ねぎ——½本（薄切り）
- バター——10g
- じゃがいも——大1個（薄切り1cm幅）
- コンソメ——1個
- 水——適量
- 牛乳——150～200mℓ
- 塩——適宜
- こしょう——適宜

作り方

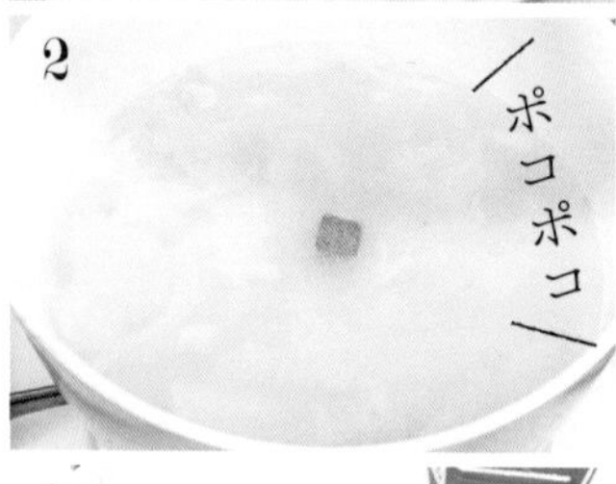

1. 小鍋にバターと長ねぎを入れて、弱火でしんなりするまで炒める。
2. 1にじゃがいも、コンソメを加え、じゃがいもがかぶるくらいの水を入れ、弱火から中火でことこと煮る。
3. じゃがいもがやわらかくなったら、牛乳（50mℓ）を少しずつ加えて火を止め、じゃがいもをつぶして混ぜる。
4. 3をフードプロセッサーにかけ、さらに牛乳（100～150mℓ）を加えてのばす。
5. 味をみながら、塩・こしょうで調える。

じゃがいもは水が多いと水っぽくなるので、ぎりぎりの水分量で煮てぎゅっと旨味を凝縮させて、牛乳でのばすイメージです。冷蔵庫で冷やしてそのままスープとしてもおいしいです。肉や魚のほか、うどんやそうめんにも合います。

ヴィシソワーズをお皿にしいて

ヴィシソワーズをしいて、脂がのったサーモンのソテー（魚の焼き方はp105にて紹介）をのせれば、上品なひと皿に。

にんじんスープ

くたくたに煮たにんじんの甘さをソースに生かして

材料

- にんじん——½本（細切り）
- オリーブオイル——小さじ1
- 塩——ひとつまみ
- 水——200mℓ（目安）
- コンソメ——1個
- こしょう——適宜

作り方

1 小鍋にオリーブオイルをひき、にんじんと塩をひとつまみを加えて、弱火でじっくり炒める。

2 にんじんがしんなりしてきたら、ひたひたになるぐらいまでの水とコンソメを加えて弱火で5分ほど煮る。

3 味をみながら、塩・こしょうで調える。

にんじんはサイズをそろえると見た目がきれいに。水分の多いソースの場合、ソースを下にしいて、カリッと焼いたものを上にのせるのがおすすめ。このスープは蒸した肉や魚にも合います。

にんじんスープをしいて野菜たっぷり

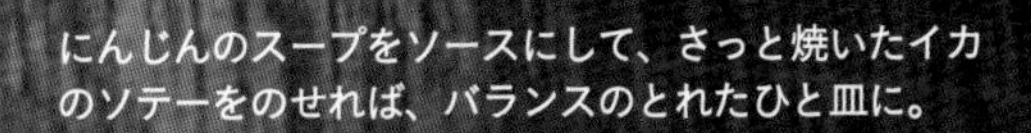
にんじんのスープをソースにして、さっと焼いたイカのソテーをのせれば、バランスのとれたひと皿に。

コーンスープ

手軽なスープを肉や魚に合わせて

材料

- 市販のコーンスープ
  ——1袋（粉末）
- 水——75mℓ

作り方

1 鍋にスープの粉と水を入れて火にかけ、よく混ぜる。コクを出したい場合は、牛乳や生クリームを加えて。

粉末のスープや缶入りのスープでも基本はスープで使うよりちょっと濃いめにするのがポイント。からあげなど、しっかり味をつけた肉や魚と合わせる場合は少し薄めでも。

郵便はがき

料金受取人払郵便

銀座局承認

2250

差出有効期間
2022年8月31日
まで
※切手を貼らずに
お出しください

104-8790

627

東京都中央区銀座3-13-10

マガジンハウス
書籍編集部
愛読者係 行

ご住所	〒		
フリガナ		性別	男 ・ 女
お名前		年齢	歳
ご職業	1. 会社員(職種　　　　　)　2. 自営業(職種　　　　　) 3. 公務員(職種　　　　　)　4. 学生(中　高　高専　大学　専門) 5. 主婦　6. その他(　　　　　)		
電話		Eメールアドレス	

この度はご購読ありがとうございます。今後の出版物の参考とさせていただきますので、裏面のアンケートにお答えください。**抽選で毎月10名様に図書カード(1000円分)をお送りします。**当選の発表は発送をもって代えさせていただきます。

ご記入いただいたご住所、お名前、Eメールアドレスなどは書籍企画の参考、企画用アンケートの依頼、および商品情報の案内の目的にのみ使用するものとします。また、本書へのご感想に関しては、広告などに文面を掲載させていただく場合がございます。

❶お買い求めいただいた本のタイトル。

❷本書をお読みになった感想、よかったところを教えてください。

❸本書をお買い求めいただいた理由は何ですか？

●書店で見つけて　●知り合いから聞いて　●インターネットで見て
●新聞、雑誌広告を見て（新聞、雑誌名＝　　　　　　　　　　　　）
●その他（　　　　　　　　　　　　　　　　　　　　　　　　　　）

❹こんな本があったら絶対買うという本はどんなものでしょう？

❺最近読んでよかった本のタイトルを教えてください。

ご協力ありがとうございました。

コーンスープが
ソースに早変わり！

コーンスープはやさしい味なので、旨味がしっかりしたメインに合います。今回は、豚肉のソテー（焼き方はp104にて）とともに。

五感で料理を楽しもう

料理を作るときに大切なのは、五感を働かせること。レシピを忠実に再現することより、できるだけ見た目、匂い、感触、音を意識して、自分の味覚も信じてみましょう。

火加減はコンロの大きさなどによって火力が変わります。煮たり茹でたりするときは、鍋の中をよく見てください。弱火はゆらゆら、コトコト、中火はポコポコ泡が立つくらい、強火はボコボコ沸いている状態が目安になります。

焼いたり、揚げたりするときには、素材の水分が抜けると「音が変わる」と覚えておくと便利です。フライパンでの揚げ焼きは、パチパチという音が小さくなったら裏返す合図。全体がきつね色になったら引き上げます。肉や魚のソテーは身の側面をよく見て、白っぽくなったら裏返しましょう。

ソースを作るときには、「泡が細かくなってきたら」「香りが立ってきたら」「色が変わってきたら」など、鍋やフライパンの中の状態をよく観察しながらタイミングを感覚で覚えると、レシピに頼らず自分で判断できるようになります。「これだ！」というタイミングがわかるようになると、料理がとっても楽しくなります。

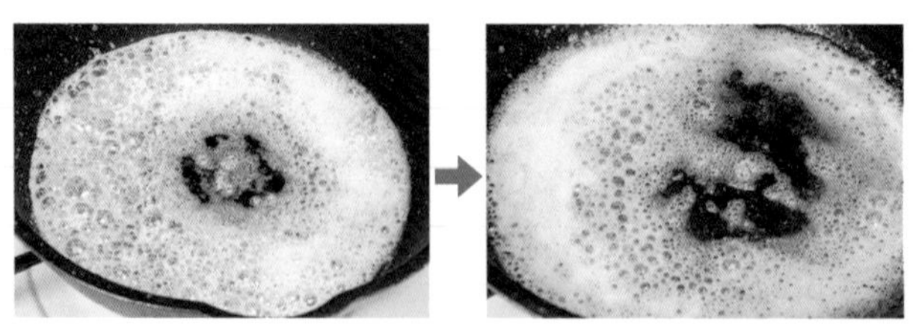

バターの香ばしい香りとともに、色が変わる瞬間を見ていると、食欲までそそられます（写真は「焦がしバターソース」の工程の一部です）。

★☆★

果物のソース

果物に塩こしょうで味つけをする食べ方は、あまり馴染みがないかもしれませんが、味の構造がわかると、組み合わせ次第で料理のバリエーションが広がります。

たとえば、いちご、キウイ、ぶどう、グレープフルーツやみかんなどの柑橘類は酸味として考えます。酸味、塩こしょう、油と組み合わせると、さっぱりとしたドレッシング感覚のソースになり、茹でた野菜や魚料理に合わせるとおいしいです。

バナナの甘みは、ウスターソースや醤油と合わせると味に立体感が出て、ふくよかなソースに。ちょっと意外と思うかもしれませんが、ぜひ、試してみてください。おどろきますよ！

バナナソース

斬新な組み合わせでクセになる南国の香り漂うソース

材料

・バナナ——½本
・中濃ソース——大さじ2

1

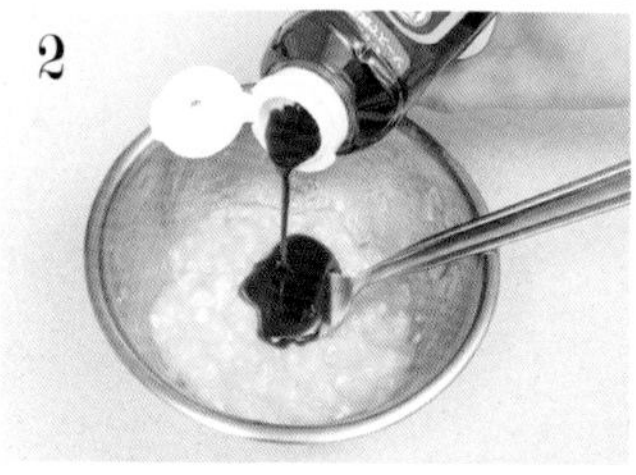
2

作り方

1 バナナの皮をむき、ボウルに入れてフォークでしっかりつぶす。

2 1に中濃ソースを加え、よく混ぜ合わせる。

テレビ番組で紹介したら、みなさん、気に入ってくださって。中濃ソースの代わりに、しょうゆを混ぜ合わせてもおいしく、フライなどの揚げものと相性がよいソースです。

鶏肉のフライ
バナナソース添え

サクッと揚げた鶏のささみフライ（作り方はp108にて紹介）を
バナナソースで食べると、奥ゆきのある味わいに。

果肉のソース

新鮮でフレッシュな酸味と甘みのハーモニー

材料

- グレープフルーツ——½個
- ぶどう（お好みで）——適量
- 塩——適量
- こしょう——適量
- オリーブオイル——大さじ1

2

作り方

1　グレープフルーツは皮をむき、身を取り出す。ぶどうは洗って半分に切る（種があるものは、種を取る）。

2　1に塩、こしょうをふり、よくなじませ、仕上げにオリーブオイルを混ぜ合わせる。

簡単！白身魚のカルパッチョ

3ステップでカルパッチョが完成！
①魚の表面の水分を取る。②薄切りにして塩をふる。③果肉のソースを合わせ、オリーブオイルをたらす。
——果肉のソースは鯛などの白身魚やホタテなど魚介類の刺身にも合います。

果物は酸味と甘みがある固形のドレッシングのような感覚で使うと、料理の幅が広がります。グレープフルーツだけでもいいし、いちごやキウイ、パイナップル、桃なども同じように使えばOKです。鶏肉や豚肉のソテーに合わせても。

真鯛のカルパッチョ
果肉のソース添え

お皿の上にひと工夫

ソース料理は盛りつけ方で印象がとても変わります。具だくさんの水分が多いソースは全体にたっぷりかけると見た目にも豪華になりますし、濃度があるソースは皿全体に線を描くように回しかけるときれいです。ぽってりとしたソースは、スプーンですくって形を作りメインの肉や魚の横に添えて。とろっとしたソースはお皿の上に丸くのばして、その上に肉や魚をのせたりするのもいいですね。

私は料理全体をパッと見たときの印象を大切にして、色やバランスを見ながらお皿に盛りつけするようにしています。パリっと焼いた皮つきの鶏肉や魚は、こんがりきつね色になった皮面が見えるように置いたり、野菜は色と形を見ながら向きを変えたり、きのこは形が可愛いから上にのせて……という感じに。この本でも、盛りつけ方をいろいろ工夫しましたので、よかったら参考にしてみてください。

ソースは上からかけるだけでなく、お皿の上にしくパターンも。中心部から少しずつ広げていくときれいに仕上がります。

★☆★

定番のソース

ここで紹介するソースは、献立の定番に入れておくと使い勝手がよいものばかり。手に入りやすい食材で手軽に作れるので、おすすめです。

トマト缶を使ったシンプルなトマトソースやミートソース、小麦粉とバター、牛乳で簡単に作れるクリーミーなベシャメルソース。ごはんにかけたり、パスタに絡めてもおいしいソースです。多めに作って保存しておけば、パパッと一品作ることができるので、忙しい方の強い味方にもなります。

難しそうに見えるタプナードやエスカルゴバターも、作り方はとても簡単。メイン料理がシンプルでもソースを添えるだけで、見た目も豪華なひと皿が完成します。

トマトソース

玉ねぎとトマトの旨味を生かした手軽な定番ソース

材料

- トマト水煮（カット）——1缶（400g）
- 水——½カップ（目安）
- 玉ねぎ——½個（みじん切り）
- にんにく——1片（みじん切り）
- オリーブオイル——大さじ1
- 塩——ひとつまみ
- こしょう——適宜

作り方

1　フライパンにオリーブオイルをひき、玉ねぎとにんにくを弱火でじっくり炒め、しんなりとしてきたら塩をひとつまみ加える。

2　1にトマト水煮と水を加えて混ぜ合わせる。

3　煮詰まってきたら味をみて、塩・こしょうで調える。

手軽に作れて、幅広く使える便利なソースです。玉ねぎとにんにくをじっくり炒めて旨味を引き出し、ベースの味をしっかり作るのがポイント。何にでも合う万能ソースです。

鶏肉のソテー トマトソース添え

皮目とパリッと焼き上げた鶏もも肉のソテー（焼き方はp104にて紹介）とトマトソースの組み合わせは、何度食べても食べ飽きないほど相性抜群です。

ベシャメルソース

フレンチを代表するクリーミーで濃厚なホワイトソース

材料

・バター――15g
・小麦粉――小さじ1
・牛乳――120mℓ
・塩――適宜
・こしょう――適宜

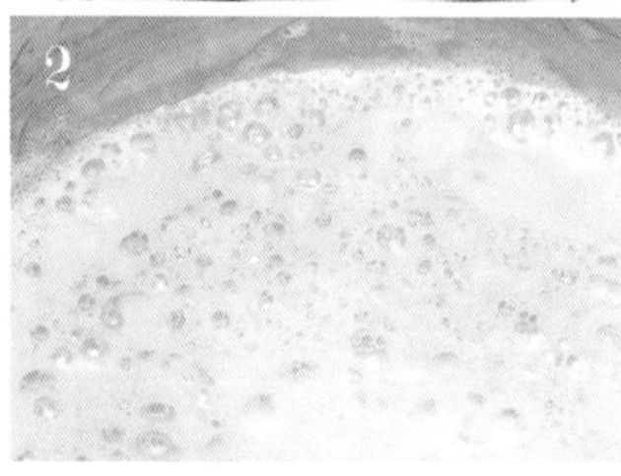

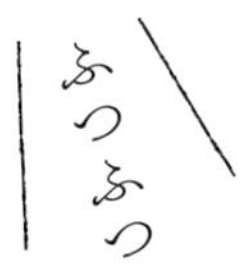

作り方

1 小鍋にバターと小麦粉を入れて弱火にかけ、だまにならないように気をつけながら、小麦粉とバターを一体化させるようなイメージで混ぜ合わせる。

2 **1**がなめらかになり、ふつふつと泡が出てきたら、牛乳を少しずつ加えて、のばすように混ぜ合わせる。

3 味をみながら、塩・こしょうで調える。

牛乳の量を増やせばさらさらのソースになるので、好みで濃度の調整を。仕上げにチーズを加えれば、こってりとした風味になります。ベシャメルソースをグラタンに使う場合は、具に味つけをするのでソースは塩分を加えず仕上げます。

豚肉のソテー
ベシャメルソース

豚肉のソテー（焼き方はp104に紹介）にベシャメルソースを
かけてドレスアップ。メインと絡めてクリーミーな味わいを。

タプナード

プロヴァンス生まれのオリーブを使った万能ソース

材料

- オリーブ——大さじ1（みじん切り）
- にんにく——2片（みじん切り）
- アンチョビ——1枚（みじん切り）
- オリーブオイル——大さじ2

細かくみじん切りにすると、より絡まりやすくなります。

作り方

1 ボウルにみじん切りしたオリーブ、にんにく、アンチョビを入れ、オリーブオイルを加えて混ぜ合わせる。

このソースは、フードプロセッサーでピュレ状にして保存容器に入れ、オリーブオイルをひたひたに入れて常備しておくと、便利。そのままパンにぬってもおいしいですし、いろんな場面で使えます。

ブリのソテー タプナード添え

ブリのソテー（魚の焼き方はp105にて）にタプナードを添えて、
南仏料理風に。にんにくやアンチョビが味のアクセントに。

エスカルゴバターソース

にんにく風味の熱々バターが食欲をそそる

材料

・バター――30g
・にんにく――2片（みじん切り）
・パセリ――大さじ2（みじん切り）
・塩――ひとつまみ
・こしょう――適宜

作り方

1 鍋にバターとにんにく、塩ひとつまみを入れて弱火にかける。

2 パチパチと音がしてにんにくの香りが立ってきたら、パセリを加えて火を止め、混ぜ合わせる。

3 味をみながら、塩・こしょうで調える。

作り方はシンプルで簡単ですが、レストランのような味をご家庭でも楽しんでいただけるソースです。ソテーした魚介類や茹でた野菜にもよく合います。

牛肉ステーキ
エスカルゴバターソース

エスカルゴバターソースが牛肉のステーキ（焼き方はp103にて）を鮮やかに演出します。にんにくとバターの香りが食卓に広がります。

ミートソース

玉ねぎとひき肉の黄金コンビは使い勝手ナンバー1

材料

- 玉ねぎ――½個（みじん切り）
- にんにく――1片（みじん切り）
- ひき肉――200g
- トマト水煮（カット）
  ――1缶（400g）
- コンソメ――1個
- 水――200mℓ（目安）
- オリーブオイル――大さじ1
- 塩――適量
- こしょう――適量
- ローリエ、タイム（あれば）

作り方

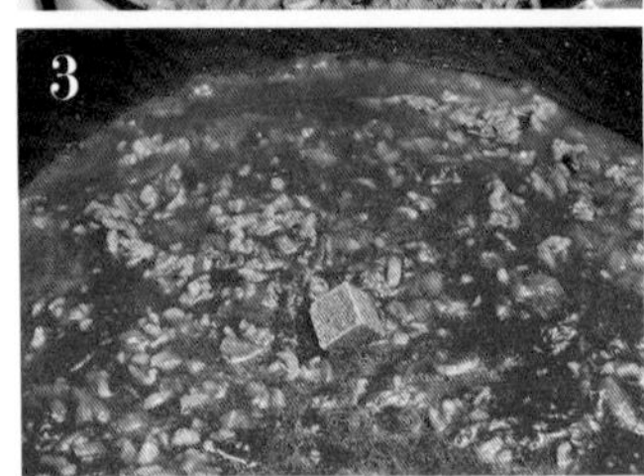

1 フライパンにオリーブオイルをひき、玉ねぎとにんにくを弱火で炒める。

2 玉ねぎとにんにくがしんなりしてきたらひき肉を入れ、塩・こしょうを加えて中火で炒める。

3 ひき肉に火が通ったら、トマト水煮とコンソメ、水を加えて（あればローリエとタイムも）弱火で15分くらい煮込む。

4 味をみながら、塩・こしょうで調える。

にんじんやマッシュルームなどの野菜を追加してもおいしく作れます。パスタソースだけでなく、茹でた野菜や蒸した鶏のささみなどにもよく合います。水切りした豆腐と合わせて、仕上げに粉チーズをふれば、洋風のマーボー豆腐に！

たっぷり茹で野菜のミートソース添え

茹でたにんじん、かぶ、ズッキーニにミートソースをかければ、ヘルシーなごちそうに。

ちょっとした調理のコツ

ポイント❶

お肉を動かさない

お肉を動かすと旨味が逃げてしまうので、「動かすのはフライパン」と覚えておくといいですよ。

フライパンで肉や魚、野菜を焼くときは、焼き色がつくまで動かさないのがポイントです。大きなフライパンを使う場合は、中央にコンロの火が当たって焦げやすくなるので、全体にまんべんなく火が通るように、食材ではなくフライパンの向きを変えて動かします。そうすると焼きムラがなく仕上げられます。フライパンで揚げものをするときも同様にフライパンのほうを動かして火の当たり方を調整するといいですよ。

ポイント❷

野菜は大きさをそろえる

きれいに切りそろえられた野菜。それだけでおいしそうに思えます。

食材の切り方にも意味があります。何種類かの野菜を合わせるときは、形や大きさをそろえて切ると味や火が均等に入り、見た目もきれいです。ソースに絡めやすくしたいときはできるだけ細かく刻み、食感を楽しみたいときには大きめに。もやしやしめじを入れたら、その長さや太さにそろえるだけでもOKなので、余裕があれば試してみてください。

Lesson

2

肉の旨味でさらにおいしく！

肉を焼いたフライパンで作る極旨ソース

フライパンで作る 極旨ソース

素材すべてを無駄にしないというのが、フランス料理の基本の考え方にあります。肉を焼いたあとのフライパンに残った旨味たっぷりの肉汁（Jus（ジュ））やこびりついた焦げ部分は、貴重なソースの素。そのフライパンに水分を加えて煮詰めれば、立派なソースが出来上がります。それだけでも旨味が凝縮されているので十分おいしいのですが、食材や調味料をアクセントに加えると味のバリエーションはさらに広がります。

ここでは肉汁と白ワインを使った基本のソースを中心に、マスタードやきのこなどを加えたり、生クリームでアレンジする応用編のほか、赤ワインで作るソースもご紹介します。

フレッシュな果物を加えれば、さわやかな風味が楽しめますし、にんじん、ズッキーニ、玉ねぎなどの野菜は生クリームと相性がよく、アンチョビ、オリーブなどのアクセントを加えるとまた違う印象になります。冷蔵庫にある食材と相談しながら、パパッと作れるのもいいところです。

ちなみに、応用編のソースを作るときには、肉汁だけでも味がしっかりついているので、塩こしょうは味をみながら調節してください。

「フライパンの中をよく見てください。こびりついているのが旨味の素なんです」

肉汁で作るソース 白ワイン編

煮詰めるだけで旨味たっぷり！ フレンチの王道ソース

基本の材料

- フライパンに残った肉汁
- 白ワイン――50mℓ
- 水――50mℓ
- 塩――適宜
- こしょう――適宜

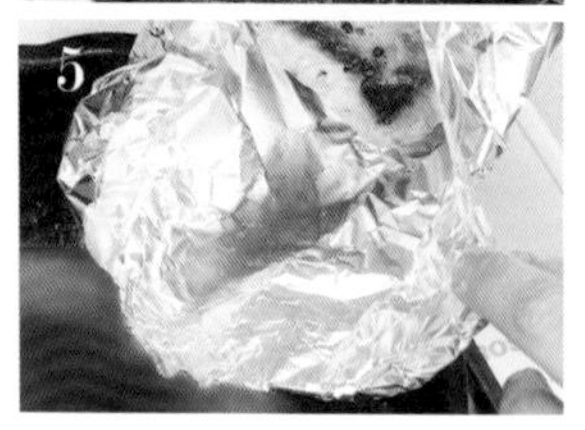

基本の作り方

1 フライパンで肉を焼いたら、肉を取り出し、アルミホイルに包んで休ませておく。
※鶏肉は包まず、皿の上で休ませておく。

2 肉を取り出したフライパンを再び火にかける。油が出すぎていたらキッチンペーパーなどで取っておく。

3 熱したフライパンに白ワインを加え、中火でアルコール分を蒸発させ、フライパンに残っている旨味を溶かしながら煮詰める。

4 半分くらいの分量に煮詰まったら、水を加え、さらに半分くらいの分量まで中火で煮詰め、火を止める。

5 1のアルミホイル内の肉から出てきた肉汁をフライパンに戻し入れてひと煮立ちさせ、味をみながら塩・こしょうで調える。

＼ひと目でわかる／

肉汁で作る白ワインのソースをアレンジ！

基本レシピ	応用編 1 p88参照 ・マスタードソース ・フレッシュな野菜や果肉のソース（トマトソース、オレンジソース）	応用編 2 p92参照 ・野菜のソース（きのこソース、オニオンソース）	応用編 3 p96参照 ・クリームソース
肉（牛肉・鶏肉・豚肉）を焼く			
1 肉を取り出し休める ↓	基本と同じ ↓	基本と同じ ↓	基本と同じ ↓
2 旨味の残ったフライパンを火にかける ↓	基本と同じ ↓	旨味の残ったフライパンで野菜を炒める ↓	基本と同じ ↓
3 白ワインを加えて煮詰める ↓	基本と同じ ↓	基本と同じ ↓	基本と同じ ※白ワインを多めに ↓
4 水を加えて煮詰める ↓	基本と同じ ↓	基本と同じ ↓	水の代わりに生クリームを加える（チーズもこのタイミングに） ↓
5 肉から出た肉汁を戻し味を調える	肉汁と一緒にマスタード、あるいはトマトやオレンジを加える	基本と同じ	基本と同じ

応用編 1
マスタードソース
肉汁の旨味にアクセントをプラス

材料

・フライパンに残った肉汁
・白ワイン——50mℓ
・水——50mℓ
・マスタード——大さじ1
・塩——適宜
・こしょう——適宜

＊p86の基本レシピ5のタイミングでマスタードを加えるだけ。マスタードのほか、アンチョビ、オリーブ、ケッパーなども同様に。味のアクセントになります。
トマトやオレンジなどを加えて作る場合も、基本レシピ5のタイミングで切った素材を合わせます。

作り方

1 フライパンで肉を焼いたら、肉を取り出し、アルミホイルに包んで（鶏肉は包まず、お皿の上で）休ませておく。

2 肉を取り出したフライパンを再び火にかける。

3 熱したフライパンに白ワインを加え、中火でアルコール分を飛ばし、煮詰める。

4 半分くらいの量に煮詰まったら水を加え、さらに半分くらいの量まで煮詰め、火を止める。

5 休ませていた肉から出てきた肉汁をフライパンに戻し入れ、マスタード（＊）を加えてひと煮立ちさせ、味をみながら塩・こしょうで調える。

肉の下味にふった塩が肉汁に混じっていて、マスタード、アンチョビ、ケッパーなどにも塩分が入っているので、ソースを仕上げるときには必ず味をみて調整してください。このソースは鶏肉でも牛肉でも作れます。

豚肉のソテー
マスタードソース

肉汁の白ワインソースに粒マスタードを加えたソース
を豚肉のソテー（焼き方はp104にて）にかけて。

鶏肉のソテー
トマトソース添え

鶏肉のソテー（焼き方はp104にて）に、角切りにしたトマトを加えて仕上げた肉汁の白ワインソースを添えて。ソースの作り方は応用編1（p88）を参照、マスタードの代わりにトマトを加えればOKです。

鶏肉のソテー
オレンジソース添え

オレンジを加えて仕上げた肉汁の白ワインソースを鶏肉のソテー（焼き方はp104にて）に添えれば、さわやかなひと皿に。ソースの作り方は応用編1（p88）を参照、マスタードの代わりにオレンジの果肉を加えればOKです。

応用編 2

きのこのソース

旨味をさらに凝縮させた定番ソース

材料

・フライパンに残った肉汁
・きのこ――適量
（マッシュルーム（スライス）――10個分）
・白ワイン――80mℓ
・水――50mℓ
・塩――適宜
・こしょう――適宜
・パセリ（好みで）――大さじ1（みじん切り）

＊p86の基本レシピ2のタイミングでフライパンに野菜（きのこ、玉ねぎなど）を入れて炒める。他の手順は基本の作り方と同じ。

作り方

1 フライパンで肉を焼いたら、肉を取り出し、アルミホイルに包んで（鶏肉はお皿の上で）休ませておく。

2 肉を取り出したフライパンを再び火にかけ、きのこ（マッシュルーム）を入れて弱火で炒める（＊）。

3 熱したフライパンに白ワインを加え、中火でアルコール分を飛ばし、煮詰める。

4 半分くらいの量に煮詰まったら水を加え、さらに半分くらいの量まで煮詰め、火を止める。

5 休ませていた肉から出てきた肉汁をフライパンに戻し入れ、ひと煮立ちさせ、味をみながら塩・こしょうで調える。

6 お好みでパセリを加える。

ここではマッシュルームを使っていますが、エリンギ、まいたけなどでも同様に。
鶏肉のほか、牛肉や豚の肉汁で作ってもおいしいです。

鶏肉のソテー
マッシュルームソース添え

旨味たっぷりのマッシュルームを合わせた肉汁の白ワインソースを、お皿いっぱいにしきつめて。鶏肉のソテーの作り方は、p104にて紹介。

牛肉のステーキ オニオンソース添え

牛肉の肉汁に玉ねぎのソースを加えた黄金の組み合わせ。オニオンソースの作り方は、応用編2（p92）を参照、きのこを玉ねぎに代えるだけです。ステーキの焼き方はp103にて紹介。

豚肉のソテー
アスパラ、かぶ、にんじんのクリームソース添え

これは応用編2と応用編3を組み合わせたアレンジバージョン。肉汁にお好みの野菜を加えて炒め、白ワイン（基本より少し多め）で煮詰めた後、さらに生クリームを加えて軽く煮詰め、塩・こしょうで味を調えます。お肉とともに野菜もたっぷり食べられます。

応用編 3

クリームソース

クリーミーでゴージャスな味わいをプラス

材料

・フライパンに残った肉汁
・白ワイン——80mℓ
（基本より少し多めに）
・生クリーム——大さじ3
・ブルーチーズ（好みで）——30g
・塩——適宜
・こしょう——適宜

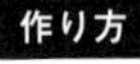

1 フライパンで肉を焼いたら、肉を取り出し、アルミホイルに包んで（鶏肉は包まず、お皿の上で）休ませておく。

2 肉を取り出したフライパンを再び火にかける。

3 熱したフライパンに白ワインを加え、中火でアルコール分を飛ばし、煮詰める。

4 半分くらいの量に煮詰まったら生クリームを加え、軽く煮詰める。お好みでチーズを加えるときもこのタイミングで加えて溶かす。

5 休ませていた肉から出てきた肉汁をフライパンに戻し入れ、ひと煮立ちさせ、味をみながら塩・こしょうで調える。

濃厚なソースにしたい場合は、生クリームの量を2倍くらいに。合わせるメインのステーキ肉は、サシがあまり入りすぎていない赤身のものがおすすめです。もちろん、鶏肉や豚肉でもおいしく作れます。

牛肉のステーキ
チーズクリームソース添え

肉汁の白ワインソースに生クリームを加えたクリームソースに、今回はブルーチーズを加えてみました。ステーキの焼き方はp103にて紹介。

肉汁で作るソース 赤ワイン編

濃厚でコクのあるフレンチソースの本格派

基本の材料

- フライパンに残った肉汁
- 赤ワイン――100mℓ
- 水――50mℓ
- はちみつ――大さじ1
- 塩――適宜
- こしょう――適宜

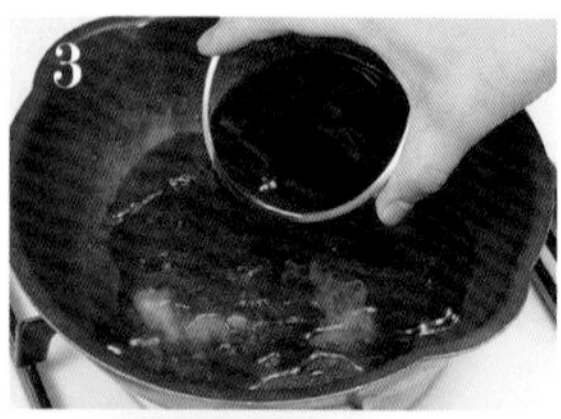

基本の作り方

1 フライパンで肉を焼いたら、肉を取り出し、アルミホイルに包んで（鶏肉は包まず、お皿の上で）休ませておく。

2 肉を取り出したフライパンを再び火にかける。

3 熱したフライパンに赤ワインを加え、中火にして底をこそげるように混ぜながらアルコール分を飛ばす。

4 半分くらいに煮詰まったら水を加え、さらに半分くらいになるまで煮詰める。

5 はちみつを加え、とろみが出るまで煮詰める。

6 休ませていた肉から出てきた肉汁をフライパンに戻し入れ、ひと煮立ちさせ、味をみながら塩・こしょうで調える。

赤ワインは安いものでよいので、色が濃く、味や香りが濃厚なタイプがこのソースには適しています。甘みとして加えるはちみつは、砂糖、ジャム（マーマレード、ブルーベリー）でも代用可能。味見をして、旨味が足りないかなと感じたら、コンソメを加えて調節してください。

牛肉のステーキ
赤ワインソース添え

牛肉のステーキ（焼き方はp103にて）に、ボルドー色の赤ワインソースを添えれば、あっという間に高級感あふれるひと皿に。牛肉のほか、豚肉でも鶏肉でも、このソースはおいしく作れます。

下味の塩はしっかりと！

肉や魚をおいしく食べるときの決め手は塩の使い方です。塩を健康のために控えている人も多いようですが、下味の塩は調理のときに流れてしまうので、あまり心配せずにしっかりふることがポイント。鶏肉は1枚でも厚みが違うので、「厚いところは多めに」と意識して丁寧にふるとよいと思います。ちょっとしたことなのですが、こうすることで味がぼやけずにおいしくなります。

塩の種類によって、粒の大きさ、色、味などの特徴があり、同じ分量でも塩分の感じ方が変わるので、どんな料理も塩の分量は目安と考え、レシピにこだわりすぎず、味をみながら自分がおいしいと思うちょうどよい塩加減を覚えていくとよいと思います。

近頃、「どんな塩を使っているんですか」と質問されることが多いのですが、特別な塩は使っていないんです。ただ、さらさらしてまんべんなく塩をふりやすいので、焼き塩を使うことが多いですね。

肉の表面に丁寧に塩をふって下味をつけておくと、ソースやつけ合わせは薄味でも料理全体のバランスが取れます。

志麻さん、教えて！

肉や魚のおいしい食べ方

＼ビギナーさん歓迎／
志麻さんの料理教室

肉や魚のおいしい食べ方

おいしいソースの作り方を覚えたところで、
メイン料理の調理法もマスター！ 基本はとても簡単です。

茹でる

魚は茹でるだけで臭みが取れておいしさアップ。余熱を利用するのがポイントです。
➡p 106

焼く

牛肉、豚肉、鶏肉、魚などは、表面をしっかり焼くと旨味が逃げません。➡p 103-105

揚げる

白身魚や鶏肉など淡白な素材は、衣をつけてフリットやフライに。➡p 107-108

蒸す

サーモンなどの魚やシーフードは白ワインを加え、レンジで蒸すだけで十分おいしい。
➡p 106

＼共通のポイント／

水分を取る

キッチンペーパーなどで表面の水分を
取ることで、臭みが取れ、仕上がりが変わります。

塩をしっかり

肉や魚の表面にまんべんなく塩をふることで、
旨味を引き出します。

牛肉のステーキ
レアの焼き方

1. 牛肉は常温に戻しておく。
2. 牛肉の表面の水分を取り、両面にしっかりと塩・こしょうをふる。
3. フライパンに油をひき、火にかけてしっかり温める。
4. フライパンに牛肉を入れ、へらなどで押さえて中火で1分ほど焼く。
5. 裏に返して、さらに1分程度焼く。
6. フライパンから牛肉を取り出し、アルミホイルに包んで休ませる。
※休ませている間に肉汁が出てくる。

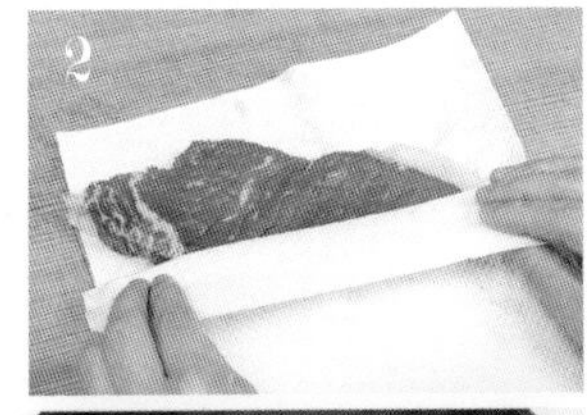

ジュッ

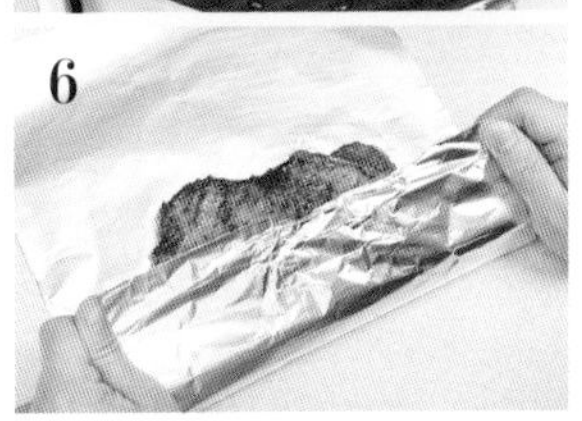

油の分量は適宜。少ないと焼き目がつかないので、赤身肉の場合は少し多めに。

肉の焼き加減

肉の焼き加減は、表面から見るとわかりにくい。でも、こんなふうに親指のつけ根の硬さの違いを参考にしてみて。

レア

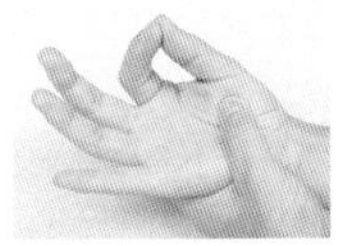

親指と人差し指を合わせたとき

ミディアム

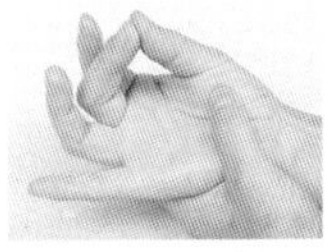

親指と中指を合わせたとき

ウェルダン

親指と薬指を合わせたとき

鶏肉のソテー

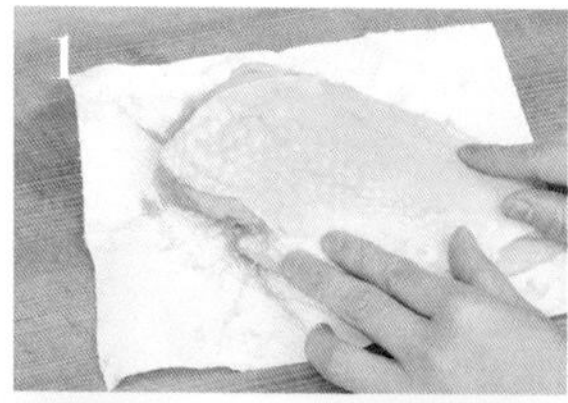

1. 鶏肉は皮をしっかりのばして、表面の水分を取る。
2. 鶏肉の両面に塩・こしょうをふる。厚めの部分はしっかりと。
3. フライパンに油(小さじ1)をひき、皮目から弱火で15〜20分ほどじっくり焼く。水を入れたボウルなどで重石をして、皮目をフライパンに押しつけるように焼くと、パリッと仕上がる。
4. 鶏肉の側面が白っぽくなり、8割くらい火が通ったら鶏肉を裏返して焼く。
※肉汁をソースに使う場合、フライパンから鶏肉を取り出し、お皿の上で休ませる。休ませている間に肉汁が出てくる。

豚肉のソテー

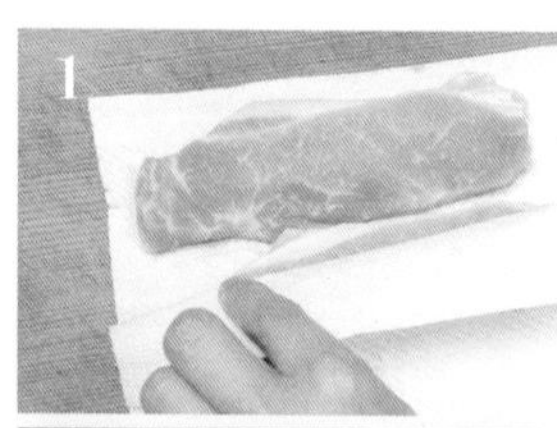

1. 豚肉の表面の水分を取り、しっかり塩・こしょうをふる。
2. フライパンに油(小さじ1)をひき、火にかけて温めてから、へらなどで肉を押しつけて焼く。初めは中火で1分ほど、焼き色がついたら火を弱めて2分ほど焼く。
3. 裏返す前に中火に戻し、裏返して1分、さらに火を弱めて1分半ほど焼く。
4. フライパンから豚肉を取り出し、アルミホイルに包んで休ませる。
※休ませている間に肉汁が出てくる。
※焼く時間は目安です。肉の厚みやフライパンの大きさによって変わります。

魚のソテー

1. 魚の表面の水分を取り、両面にしっかり塩・こしょうをふる。
2. フライパンに油（小さじ1）をひき、中火で皮目（皮がついていたほう）から動かさずにじっくり焼く。
3. 側面が白っぽくなってきたら、裏返して焼く。
   ※魚の切り身の厚さが均等でない場合は、フライパンを動かして火の入り方を調整しながら焼く。

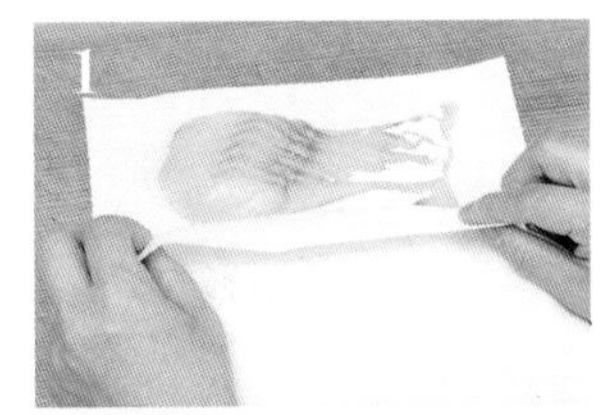

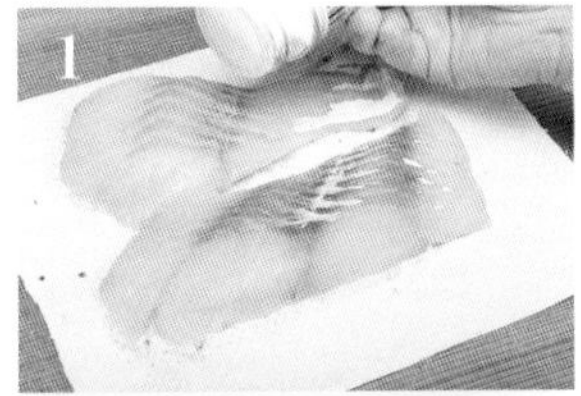

皮がある場合

油を少し多めに（大さじ1）ひき、ヘラなどを使って皮をフライパンに軽く押しつけるようにしてしっかり焼き切ると、皮がパリッと仕上がる。皮目だけで8割焼くイメージ。

蒸し魚

今回はサーモンで作ります

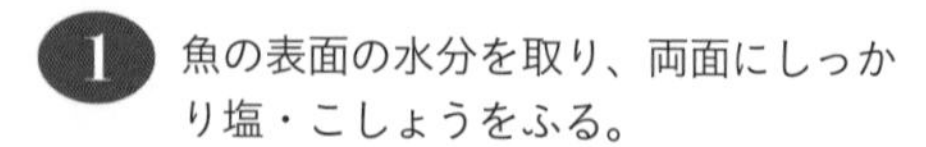

1. 魚の表面の水分を取り、両面にしっかり塩・こしょうをふる。

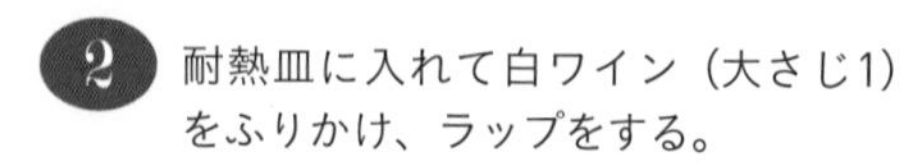

2. 耐熱皿に入れて白ワイン（大さじ1）をふりかけ、ラップをする。
3. レンジで加熱する（600Wで3〜4分）。

※魚の大きさや数、状態、レンジのくせによって熱の入り方が変わるので、時間の調節を。

電子レンジで蒸す調理法に向いているもの

サーモンのほか、タイやタラなど、魚はレンジで調理するのが簡単。肉はレンジで蒸すと硬くなりがちなので、鶏肉などはそいで厚みを均等にするなど工夫が必要です。

茹で魚

今回はサワラを茹でます

1. 魚の表面の水分を取り、両面にしっかり塩・こしょうをふる。
2. 鍋に湯をたっぷり沸かし、沸騰したら魚を入れる。
3. 再びポコポコと湯が沸きはじめたら火を止め、ふたをして余熱で火を通す（目安は5分くらい）。

※大きな塊の魚は、湯に入れて3〜5分程度煮てから火を止める。

茹でる調理法に向いているもの

魚は茹でると臭みが抜けておいしくなります。鶏肉や牛肉は、沸騰したら鍋に入れて3〜5分煮てから火を止め、ふたをして余熱で火を通す。肉の種類や大きさ、状態に合わせて煮る時間を調節してみてください。

フリット

今回はタラで挑戦！

材料

・タラ——適量
・塩——適量
・こしょう——適量
・小麦粉——適量
・油——適量

・衣（目安）
炭酸水——100mℓ
小麦粉——大さじ3
※炭酸水の代わりにビールでもOK。

1. 魚の表面の水分を取り、食べやすい大きさに切る。
2. 両面に塩・こしょうをふり、小麦粉をまぶす。
3. フライパンに深さ1㎝くらいの油を入れて火にかける。
4. ボウルに小麦粉を入れ、炭酸水を加えながらダマにならないようサクッと混ぜる。
5. 2の魚に4の衣をつけて、弱火でゆっくり揚げる。揚げている間はあまり触らないこと。
6. 衣の周りに色がついてきたら、裏返す前に衣を上に少し足す。
7. 裏返して揚げ、両面がきつね色になったら取り出して油を切る。

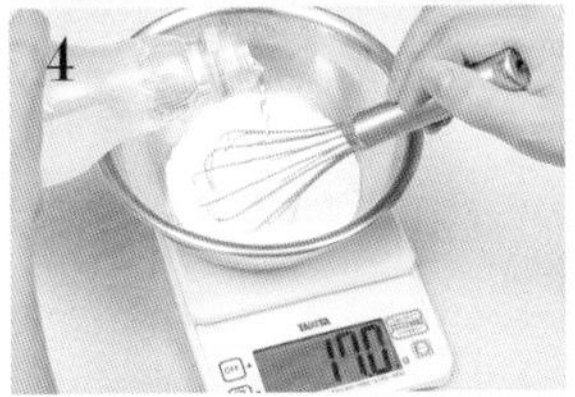

フライ

今回は鶏のむね肉で！

材料

- 鶏むね肉――適量
- 小麦粉――適量
- 溶き卵――1個分
- パン粉――適量
- 塩――適量
- こしょう――適量
- 油――適量

※パン粉の種類によって油の吸収が違う。基本的に生パン粉よりも乾燥パン粉、粗いタイプより細かいほうが油は吸収しにくい。

1. 鶏肉の表面の水分を取り、食べやすい大きさに切って軽く塩・こしょうをふり、小麦粉をまぶす。
2. 1の鶏肉を溶き卵に浸し、パン粉をつける。
3. フライパンに油を（フライパンに油が広がるくらい多めに）入れて、火にかける。
4. 油が温まらないうちにパン粉を落とし、パン粉が動きはじめたら、2の鶏肉を入れる。
5. 鶏肉は焼き色がつくまで触らず、弱火で揚げ焼きし、周りのパン粉に色がついてきたら裏返す。
6. 両面がきつね色になり、中に火が通ったら取り出して油を切る。

フライパンの中で鶏肉同士がくっついてしまっても焦らずに。揚げ切ってからのほうが、きれいにはずせます。

Lesson

3

コンビニスイーツを格上げ！

おやつ時間を優雅にするデザートソース

デザートをよりおいしく！

いつものおやつの時間、食事の後のデザートの時間を華やかに演出してくれるデザートソースがあります。
コンビニエンスストアのスイーツなども最近はおいしいものがたくさんあるのですが、お皿にのせて、さっとソースをかけるだけで優雅な気分が味わえますし、家でケーキを焼いたりしなくてもスペシャルなデザートになります。
たとえば、スーパーマーケットなどで売っているシンプルなチョコレートケーキには、卵黄と牛乳と砂糖で作ったアングレソースを。切り分けたケーキの上から白い粉糖をふりかけて甘いソースを添えたら、レストランのデザートのようなおしゃれなひと皿になります。ちょっとしたことなのですが、印象が変わりますし、私の家族も「そのまま食べるよりずっとおいしい」と喜んでくれます。
ここでご紹介するソースの材料は、思いついたときにいつでも作れるような、卵、砂糖、チョコレート、牛乳、生クリームなど、身近なものばかり。
がんばりすぎずに日常の延長で、ほんの少し手間をかける。それだけで、みんなが笑顔になるので、私自身も幸せな気分になります。

ブルーベリージャムにほんの少し水分を加えて混ぜるだけで、ブルーベリーソースの完成です。果肉入りのものならより豪華に。

キャラメルソース

香ばしいほろ苦さがシンプルなスイーツを引き立てる

材料

・グラニュー糖――大さじ2
・水――小さじ2

作り方

1 小鍋にグラニュー糖を入れ、水でグラニュー糖を湿らせて中火にかける。

2 大きな泡がふつふつと現れても、そのまま様子を見る。

3 大きな泡が立ちはじめ濃いキャラメル色になってきたら焦がさないよう少し揺さぶり、火を止める。

4 3に水を小さじ1（分量外）入れて加熱の勢いを止める。

5 そのまま冷ます。

1

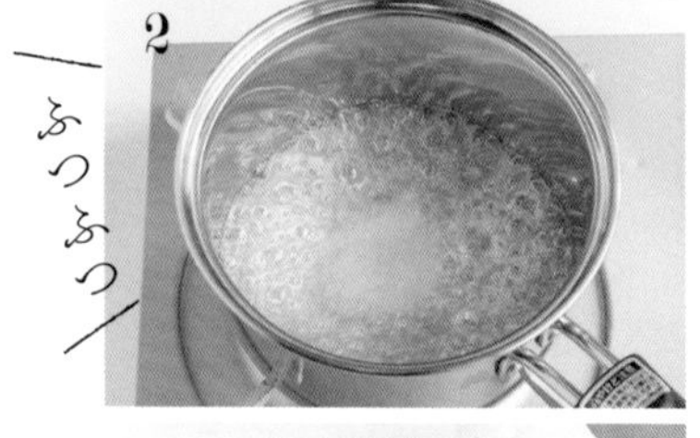

水を加えるとシューっと音が！ 火にかけたまま水を入れるとはねるので注意。

火を止めるときのタイミングで味が変わってきます。苦味を効かせたいときは、薄茶色からしっかりした焦げ茶色になってから火を止め、水を入れること。このソースはカステラやミルクプリンなどにかけてもおいしいです。

アイスクリームに
キャラメルソースをかけて

ミルクキャラメルソース

バター風味のミルキーな甘さがやみつきに

材料

- グラニュー糖——大さじ2
- 水——小さじ2
- バター——5g
- 牛乳——大さじ1

作り方

1. 小鍋にグラニュー糖を入れ、水で湿らせて中火にかける。泡がふつふつと現れてきても、そのままに。
2. 濃い茶色になったら火を止め、バターを加え、混ぜ合わせる。
3. 2に牛乳を加え、ひと煮立ちさせる。

キャラメルソースよりなめらかな味わいで、
白玉だんごやシュークリームにかけても。

チョコレートソース

ほんのひと手間で幸せな気分になれる

材料

・板チョコ（細かく割る）——50g
・牛乳——25〜50mℓ

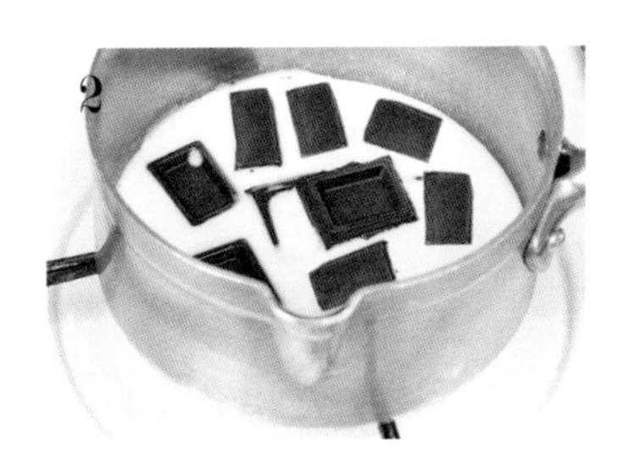

作り方

1 小鍋に牛乳を沸かし、沸騰する直前で火を止める。

2 1にチョコレートを加えて溶かす。

チョコレートや牛乳の分量は好みで調整を。タルトや焼き菓子、アイスクリームなどにかけて楽しんでください。

ガトーショコラを
アングレソースとともに

アングレソース

素朴でやさしい甘さのカスタードソース

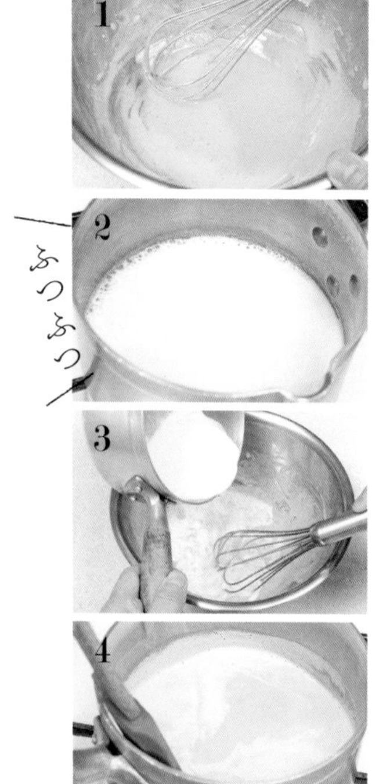

材料

・卵黄——1個分
・牛乳——100mℓ
・砂糖——小さじ2

作り方

1 ボウルに卵黄と砂糖を入れて、泡立て器で白っぽくなるまでよく混ぜる。

2 牛乳を鍋で沸かし、周囲にふつふつと泡が出はじめたところ（沸騰する直前）で火を止める。

3 1に牛乳を少しずつ加えながら、混ぜ合わせる。

4 3を鍋に戻して弱火にかけ、少しとろみがついてきたら火を止める。

5 出来上がったソースは、ボウルなどに移して氷水で冷やし、すぐに使わない場合は冷蔵庫へ。

Shima

メインの食材は焼くだけ、蒸すだけ。
でも、ソースがあればワンランクアップの
お料理に変わります。ソースのレパートリー
を増やして毎日の食事をもっと楽しく。
もっと簡単に！

写真　中島慶子／青木和義（p111）
スタイリング　大関涼子
取材・文　盆子原明美
編集協力　ＵＴＵＷＡ

志麻さんの
魔法のソースレシピ

2021年 6 月24日　第1刷発行
2021年10月20日　第2刷発行

著　者　志麻

発行者　鉄尾周一

発行所　株式会社マガジンハウス
〒104-8003　東京都中央区銀座3-13-10
書籍編集部　☎03-3545-7030
受注センター　☎049-275-1811

印刷・製本所　大日本印刷株式会社

ブックデザイン　岡 睦（mocha design）

マガジンハウスのホームページhttps://magazineworld.jp/

ISBN978-4-8387-3157-2 C0077

志麻さんの
大好評レシピシリーズ

★☆★

志麻さんの
何度でも食べたい
極上レシピ

伝説の家政婦として親しまれる志麻さんが
本当に伝えたかった
フランス家庭料理の決定版！

サーモンマリネ／鶏肉のコンフィ／ミートローフ／オイルサーディン／エスカルゴバター他

定価：本体1300円（税別）

1分で決まる！
志麻さんの
献立の作り方

フレンチの7つの調理法＆レシピで
毎日の献立がもっと楽に！

牛肉のトマト煮／鶏肉のオーブン焼き／鶏むね肉のポワレ／イワシのマリネ／豚バラ肉のカレー煮込み他

定価：本体1300円（税別）

志麻さんの
気軽に作れる
極上おやつ

ビギナーでも楽しく作れる！
おやつの時間が待ち遠しい絶品レシピ58

マドレーヌ／アップルパイ／カスタードプリン／チーズケーキ／クレープ／タルトタタン／ガトーショコラ他

定価：本体1400円（税別）